UNA AVENTURA TROPICAL

Nombre	Vuelo	Fecha	Asiento
Elianny Reyes	F809	13 FEB 2023	5A

Nueva York ➡ República Dominicana

Puerta
D22

Hora de embarque
08:09

Nombre
Elianny Reyes
Vuelo   Asiento
F809   5A
Fecha
13 FEB 2023
Puerta
D22

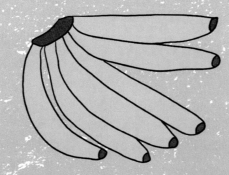

Es invierno aquí en el Bronx, Nueva York. Eso significa que es hora de viajar a un lugar caliente y tropical. Elianny estaba dormida hasta que escuchó un crujido en la puerta.

"Despierta Elianny", dijo mamá. Tenemos que prepararnos para nuestro viaje a la República Dominicana.

Tenemos que levantarnos, prepararnos y comprobar que tenemos todo listo. Tenemos que tomar el taxi también.

"¿Cómo es allí?", preguntó Andrés. "¿Hay pingüinos y osos polares que festejan toda la noche?" "No, no hay animales así. En la República Dominicana, siempre hace calor. Los osos polares y los pingüinos no pueden festejar en un clima cálido, se pondrán demasiado caliente", se rió Elianny.

En cambio, hay animales como cerdos, pollos, iguanas y muchos más. ¡En la República Dominicana, hay mucho que explorar!

Para ir, necesitas un pasaporte. Un pasaporte da permiso para viajar a otros países.

Luego te sientas dentro de un avión para volar alto hacia el cielo.

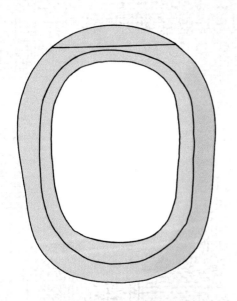

Mientras observas pasar las nubes hasta que es hora de aterrizar.

Aquí hay un mapa de lugares a los que puedes ir. La República Dominicana es un país en una isla llamada La Española. Una isla es un área de tierra que tiene agua a su alrededor.

¡Finalmente lo logramos! Todos comenzaron a aplaudir en el avión. Ellos parecían muy emocionados por explorar la isla también.

Siempre escucharás música tropical en el aeropuerto. Es una forma de dar la bienvenida a la gente a la isla. La música une a todos.

Estamos afuera del aeropuerto. El clima es cálido y húmedo. Hay tanta gente aquí esperando sus familiares y amigos.

Vimos a abuela, nuestro primo Alex y a nuestro tío José. Estaban muy emocionados de vernos. Ha pasado mucho tiempo que no hemos venido a la República Dominicana.

Este edificio histórico es un monumento ubicado en Santiago de los Caballeros. También conocido como, "Monumento a los Héroes de la Restauración".

Hecho en 1944, el monumento simboliza la gratitud a los soldados que lucharon por la independencia de la guerra con España.

DATO CURIOSO

Santiago es la segunda provincia más grande de la República Dominicana después de la capital, Santo Domingo.

Este monumento tiene 70 metros de altura!

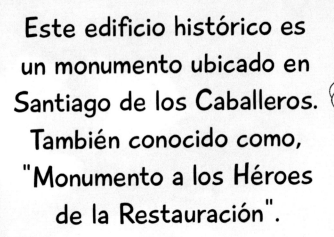

18

EL CAMPO

Hay muchos puntos de referencias aquí. Cada lugar tiene grandes vistas para ver.

LAS MONTAÑAS

LA CUIDAD

LA PLAYA

EL PUEBLO

EL RIO

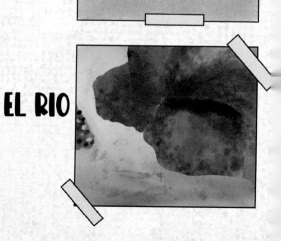

Llegamos a la casa de abuela. Vive en Piedra Blanca. Es un pueblo de la provincia, Monseñor Nouel. La capital de Monseñor Nouel es Bonao.

Ella también tiene su propia finca. Hay muchas gallinas que ella cuida.

"Tenemos hambre abuela", dijo Joandy. ¿Qué tipo de comida podemos comer aquí?

En los Estados Unidos, tenemos dólares, pero en la República Dominicana, tenemos dinero llamado pesos. Necesitamos pesos para comprar nuestros comestibles y las cosas que necesitamos.

DATO CURIOSO

Muchos otros países españoles, hispanos, latinos e incluso asiáticos como Filipinas usan pesos por dinero. Sin embargo, lo que hace que cada país sea diferente es el valor de su peso y los diferentes diseños que tienen.

Estamos en el Colmado. Es un lugar donde mucha gente viene a comprar comestibles y bocadillos. Tenemos que asegurarnos de comprar los artículos en la lista de abuela.

FRUTAS Y VEGETALES

AGUACATE

PLÁTANO

MANGO

COCO

CHINOLA

CARAMBOLA

BATATA

YUCA

GUANABANA

LIMONCILLO

TAMARINDO

PAPAYA

DATO CURIOSO

LOS PLÁTANOS SE UTILIZAN EN TODO EL MUNDO, Y CADA PAIS HACE DIFERENTES PLATOS CON ELLOS. COMO...

MANCÚ
TOSTONES
MADUROS
MOFONGO
PASTELON
PASTELES EN HOJA
MOFONGITOS
CANOAS

PLÁTANOS VERDES SON MUY DIFICILES DE COMER. ASI QUE NECESITAN SER COCINADOS!

Hay tantos diferentes tipos de frutas y verduras aquí. Todos mantienen a la gente aquí sana y fuerte. Estas son algunas de las cosas que puedes encontrar. ¿Cuál te gustaría probar?

Hay muchos diferentes tipos de comida para hacer aquí en la República Dominicana. La gran parte de la comida consiste de carne, verduras, almidón y productos lácteos.

LA BANDERA

"La Bandera" es un plato tradicional Dominicano. Contiene arroz blanco, habichuelas y pollo guisado.

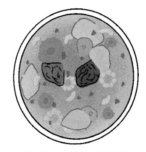

SANCOCHO

Sancocho es una famosa sopa llena de verduras, especias y diferentes tipos de carne, como carne de res o pollo.

LOS 3 GOLPES

Este plato contiene salami frito, queso frito y mangú (plátanos triturados).

MOFONGO

El mofongo es un plato caribeño hecho de plátanos y se usa a menudo con pollo o cerdo en el interior.

PASTELITOS

Los pastelitos, también conocidos como empanadas son un plato de masa frita que tiene muchas sorpresas diferentes adentro. ¡Puede tener carne de res, pollo, queso y muchos más!

PASTELES EN HOJA

Este plato se elabora con una masa de plátano envuelta dentro de una hoja de plátano. Por lo general, contiene una variedad de carnes como pollo, cerdo y carne de res.

¿Puedes adivinar cuál va a hacer abuela?

¿Lo has adivinado bien? Abuela hizo los tres golpes. Hay mangú, salami frito y queso frito. También compramos un delicioso jugo de naranja.

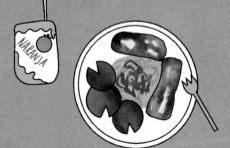

Papi quería llevarnos a nuestro primer carnaval. Antes de irnos, nos llevó al salón y a mis hermanos a la barbería.

¡Los dominicanos son bien conocidos por sus suaves secados y grandes cortes de pelo!

El Carnaval Dominicano ocurre cada año en febrero. Es una celebración para honrar la independencia del país. Usan trajes coloridos y creativos que son diferentes cada año.

¡La música está en todas partes aquí! A los dominicanos les encanta bailar y cantar. Hay géneros musicales como bachata, merengue, bolero, típico, palo y muchos más. Cada género tiene diferentes movimientos de baile.

INSTRUMENTOS

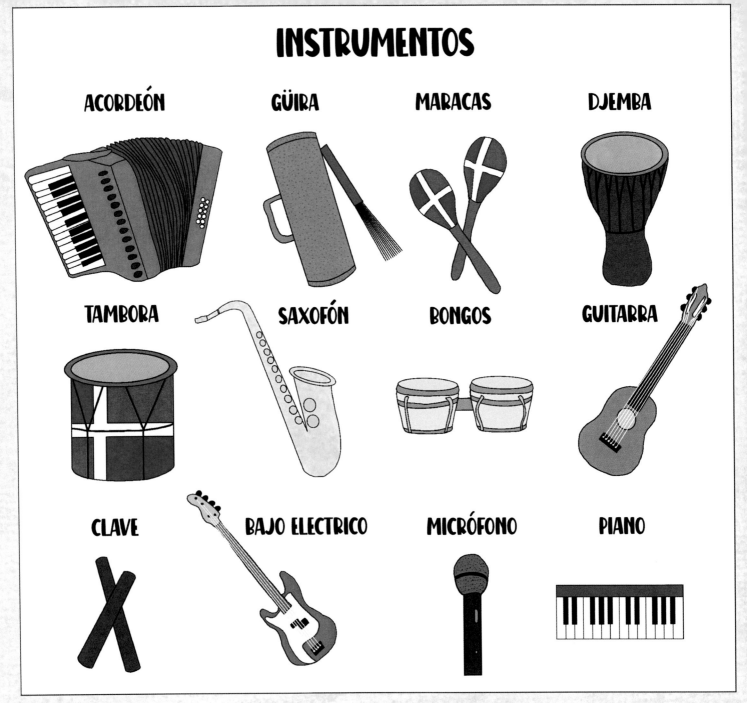

Aquí hay algunos instrumentos que puedes encontrar en esta isla. Estos instrumentos se utilizan juntos para crear música tropical.

Hay muchos deportes diferentes para jugar en la República Dominicana. Uno de los deportes más populares aquí es el béisbol. No tienes que ser profesional para jugar. ¡A la gente aquí también le encanta jugar solo por diversión!

Hay tantas cosas divertidas que hacer, pero mi parte favorita fue pasar tiempo con mi familia. Hacen que cada momento sea especial.

De insectos gigantes y arañas

A los pollitos que se apoderan de la casa

Se fue la luz

Incluso las luces se apagan al azar durante una hora...

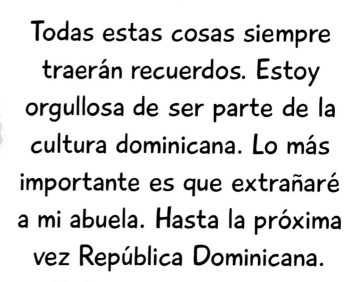

Todas estas cosas siempre traerán recuerdos. Estoy orgullosa de ser parte de la cultura dominicana. Lo más importante es que extrañaré a mi abuela. Hasta la próxima vez República Dominicana. Te llevo en mi corazón.

Nombre	Vuelo	Fecha	Asiento
Elianny Reyes	F809	13 FEB 2023	5A

Nueva York ➡ República Dominicana

Puerta	Hora de embarque
D22	08:09

Nombre
Elianny Reyes
Vuelo Asiento
F809   5A
Fecha
13 FEB 2023
Puerta
D22

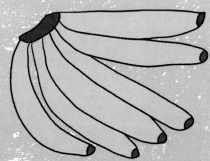

FIN

Made in the USA
Middletown, DE
25 October 2023

41267919R20022